BEI GRIN MACHT SICH IHR WISSEN BEZAHLT

- Wir veröffentlichen Ihre Hausarbeit, Bachelor- und Masterarbeit
- Ihr eigenes eBook und Buch - weltweit in allen wichtigen Shops
- Verdienen Sie an jedem Verkauf

Jetzt bei www.GRIN.com hochladen und kostenlos publizieren

Patrick Fink

Spiel mir das Lied vom Drama

Ein Überblick über die dramaturgischen, narrativen und sensorischen Funktionen von Filmmusik im Spielfilm nach 1950 anhand des modifizierten Modells von Norbert J. Schneider

GRIN Verlag

Bibliografische Information der Deutschen Nationalbibliothek:

Die Deutsche Bibliothek verzeichnet diese Publikation in der Deutschen Nationalbibliografie; detaillierte bibliografische Daten sind im Internet über http://dnb.d-nb.de/ abrufbar.

Dieses Werk sowie alle darin enthaltenen einzelnen Beiträge und Abbildungen sind urheberrechtlich geschützt. Jede Verwertung, die nicht ausdrücklich vom Urheberrechtsschutz zugelassen ist, bedarf der vorherigen Zustimmung des Verlages. Das gilt insbesondere für Vervielfältigungen, Bearbeitungen, Übersetzungen, Mikroverfilmungen, Auswertungen durch Datenbanken und für die Einspeicherung und Verarbeitung in elektronische Systeme. Alle Rechte, auch die des auszugsweisen Nachdrucks, der fotomechanischen Wiedergabe (einschließlich Mikrokopie) sowie der Auswertung durch Datenbanken oder ähnliche Einrichtungen, vorbehalten.

Impressum:

Copyright © 2005 GRIN Verlag GmbH
Druck und Bindung: Books on Demand GmbH, Norderstedt Germany
ISBN: 978-3-638-93131-1

Dieses Buch bei GRIN:

http://www.grin.com/de/e-book/87676/spiel-mir-das-lied-vom-drama

GRIN - Your knowledge has value

Der GRIN Verlag publiziert seit 1998 wissenschaftliche Arbeiten von Studenten, Hochschullehrern und anderen Akademikern als eBook und gedrucktes Buch. Die Verlagswebsite www.grin.com ist die ideale Plattform zur Veröffentlichung von Hausarbeiten, Abschlussarbeiten, wissenschaftlichen Aufsätzen, Dissertationen und Fachbüchern.

Besuchen Sie uns im Internet:

http://www.grin.com/

http://www.facebook.com/grincom

http://www.twitter.com/grin_com

UNIVERSITÄT SIEGEN
WS 2004/2005
Lehrveranstaltung:
Einführung in den Medienstudiengang
Studiengangelement: X0

Hausarbeit im Grundstudium:

Spiel mir das Lied vom Drama -

Ein Überblick über die dramaturgischen, narrativen und sensorischen Funktionen von Filmmusik im Spielfilm nach 1950 anhand des modifizierten Modells von Norbert J. Schneider

Vorgelegt von:
Patrick Fink _____

Abgabedatum: 19.04.2005

Spiel mir das Lied vom Drama –
Ein Überblick über die dramaturgischen, narrativen und sensorischen Funktionen von Filmmusik im Spielfilm nach 1950 anhand des modifizierten Modells von Norbert J. Schneider

1.0 Ouvertüre ... 03

2.0 Kleine Geschichte der Musik zum Film ... 04

3.0 Funktionen von Filmmusik
    3.1 Musikdramaturgische Grundlagen ... 08
    3.2 Die Funktionspalette ... 09
        1. Herstellung von Atmosphären ... 09
        2. Abbildung von Emotionen ... 10
        3. Setzen von Ausrufezeichen ... 10
        4. Illustration von Bewegungen ... 12
        5. Integration von Bildern ... 12
        6. Herstellen von Werkimmanenten Bezügen ... 13
        7. Formbildende Funktion ... 14
        8. Evozierung von historischer Zeit/gesellschaftl. Kontext ... 14
        9. Komik, Karikatur und Parodie durch Musik ... 14
        10. Kommentar durch Musik ... 15
        11. Physiologische Konditionierung ... 15
        12. Vermittlung von Raumgefühl durch Musik ... 16
        13. Persuasive Funktion ... 16

4.0 Schlussakkord ... 17

5.0 Bibliographie & Mediographie
    5.1 Bibliographie ... 18
    5.2 Mediographie ... 19

6.0 Anhang
    6.1 Einstellungsprotokoll: *Treffen mit Arabern (Fahrenheit 9/11)* ... 20
    6.2 Einstellungsprotokoll: *Die Schlucht (King Kong und die weiße Frau)* ... 21

1.0 Ouvertüre

Filmmusik wird in der Regel nur unbewusst wahrgenommen – dennoch hat sie sowohl einen enormen Anteil am emotionalen Erleben eines Spielfilms als auch an der Übermittlung ganz konkreter Botschaften des Filmemachers. Im Folgenden wird der Versuch unternommen, einen Überblick über die Möglichkeiten zu geben, die das Medium Musik dem Filmemacher bietet, um seine Geschichte und sein Thema dem Rezipienten zu vermitteln.

Die Meisten der in der Filmmusikforschung bis zum heutigen Tage erarbeiteten Modelle zur strukturierten Übersicht über die Funktionen von Filmmusik gelten als zweifelhaft.[1] Beispielsweise kritisiert Bullerjahn am *strukturalistischen Modell* von Maas[2] unter anderem, dass es keine sich gegenseitig ausschließenden Kategorien verwendet[3] oder widerruft Pauli sein eigenes tripolares Modell in einem späteren Werk mit folgenden Worten: „Ich bin darüber nicht mehr so ungeheuer glücklich."[4] Daher stütze ich mich in der vorliegenden Arbeit nicht auf ein bestimmtes strukturierendes Theoriemodell; Vielmehr orientiert sich meine Darstellung an der *Funktionsaufzählung* des Filmkomponisten und Filmmusikwissenschaftlers Norbert Jürgen Schneider[5], welches ich modifizieren und ergänzen werde.
Weiterhin konzentriert sich diese Arbeit strikt auf dramaturgische, narrative und sensorische (die Sinnesempfindungen beeinflussende) Funktionen. Aus diesem Fokus ergibt sich, dass *Metafunktionen*[6] der Musik im Film nicht behandelt werden. Als *Metafunktionen* werden solche Funktionen verstanden, die sich nicht auf ein einzelnes filmisches Werk beziehen, sondern auf das Medium Film an sich.[6] Eine der ökonomischen Metafunktionen ist beispielsweise die, dass die Platzierung von populärer Pop- oder Rockmusik in einem Spielfilm sowohl für den Film- als auch für den Musikproduzenten lukrative Werbeeffekte zur Konsequenz hat.[7]

---

[1] Vgl. Claudia Bullerjahn, Grundlagen zur Wirkung von Filmmusik, Augsburg 2001, 62.
[2] Modell von Maas in: Georg Maas/Achim Schudack, Musik und Film – Filmmusik, Mainz 1994, 35f.
[3] Vgl. Claudia Bullerjahn, Grundlagen zur Wirkung von Filmmusik, Augsburg 2001, 64.
[4] Hansjörg Pauli, Filmmusik: Stummfilm, Stuttgart 1981, 186.
[5] Vgl. Norbert J. Schneider, Handbuch Filmmusik I, München 1990, 90f.
[6] Vgl. Claudia Bullerjahn, Grundlagen zur Wirkung von Filmmusik, Augsburg 2001, 65.
[7] Vgl. ebd., 68.

Die Entwicklung von Musik zum legitimen filmischen Ausdrucksmittel wird in der *Kleinen Geschichte der Musik zum Film* dargestellt. Es wird deutlich, dass besonders die Entwicklungen nach 1950 zu den heutigen höchst differenzierten filmmusikalischen Ausdrucksmöglichkeiten – eben der Funktionspalette der Filmmusik – geführt haben.

1.4 Kleine Geschichte der Musik zum Film

Die Geschichte der Filmmusik setzt sich aus komplexen Wechselbeziehungen zwischen technischen Innovationen, wirtschaftlichen Interessen und künstlerischen Strömungen zusammen. Angesichts dieser Breite des Themas muss sich die vorliegende Arbeit auf eine verkürzte und vereinfachende Darstellung beschränken, die vor allem die Musikfunktionalität im Blickpunkt hat.

Einig ist sich die Geschichtsschreibung noch darüber, dass bereits zur ersten öffentlichen Vorführung eines Films durch die Gebrüder Lumière Musik gespielt wurde. Am 28. Dezember 1895 flimmerte im Grand Café am Boulevard des Capucines in Paris mit *L'arrivée d'un train à la Ciotat* erstmals ein Film über die Leinwand – begleitet vom Spiel eines direkt im Vorführraum musizierenden Pianisten.[8] Warum jedoch die beiden voneinander unabhängig existierfähigen Medien von der Geburtsstunde des Jüngeren an stets in Verbindung genutzt werden, ist bis heute Gegenstand des Streites in der Filmmusikforschung:[9]
London ist der Meinung, dass die Musik zunächst die Arbeitsgeräusche des Projektors übertönen sollte.[10] Dem widerspricht Pauli, indem er darauf insistiert, dass der lumièresche Kinematograph „fast völlig lautlos"[11] betrieben werden konnte.
So führt Hanns Eisler einen gänzlich anderen Grund für die Musikbegleitung an:

> …hat man dem Zuschauer das Unangenehme ersparen wollen, daß die Abbildung lebendiger, agierender und gar redender Menschen vorgeführt werden, die doch zugleich stumm sind. Sie leben und leben zugleich nicht, das ist das Geisterhafte, und Musik will weniger ihr fehlendes Leben surrogieren […], als vielmehr die Angst beschwichtigen, den Schock absorbieren.[12]

---

[8] Vgl. Anselm C. Kreuzer, Filmmusik. Geschichte und Analyse, Frankfurt/M. 2003, 19.
[9] Vgl. Georg Maas/Achim Schudack, Musik und Film – Filmmusik, Mainz 1994, 11.
[10] Vgl. Kurt London, Film Music, Salem 1936, 27f.
[11] Vgl. Hansjörg Pauli, Filmmusik: Stummfilm, Stuttgart 1981, 40.
[12] Vgl. Theodor W. Adorno/Hanns Eisler, Komposition für den Film, Leipzig 1977, 118.

Dass die musikalische Begleitung zu den kurzen Filmen großen Anklang beim Publikum fand und daher seitens der Filmvorführer mehr in diesen Sektor investiert wurde, stellt Roy M. Prendergast fest: „[...] 1896, and, by April of that year, orchestras were accompanying films in several London theaters."[13]

Jedoch kann auch das größte Orchester nicht darüber hinwegtäuschen, dass die frühe Musikbegleitung „keinen planvollen Bezug zur Handlung" besitzt.[14] Wie Georg Maas darlegt, wurde eine „differenzierte und differenzierende Begleitmusik" nicht einmal benötigt[15], „solange sich der frühe Film mit der Wiedergabe lebensnaher, dokumentarischer Bilder begnügt[e]".[16]

Ab 1909 erwuchs jedoch mit dem Aufgekommen der Montagetechnik ein neues Problem für die Musiker im Kinosaal:

> Typische Unstimmigkeiten entstanden etwa, wenn nach dem Wechsel von einer fröhlichen zu einer traurigen Szene ein begonnenes fröhliches Musikstück einfach zu Ende gespielt wurde, somit in die traurige Szene überging und diese zerstörte.[17]

Als Reaktion auf dieses neue Problem gaben Musiker wie Filmproduzenten verschiedene Musikratgeber heraus. So wurde im Werbemagazin *Edison Kinetogram* des mächtigen Filmproduzenten *Edison Manufactoring Co.* seit 1909 jeder Film in Szenen verschiedenen Charakters eingeteilt, zu denen dann Vorschläge zur allgemeinen Stilrichtung der Musik gegeben wurden (z.B. „lively music" oder „regular ouverture"[18]).[19] Max Winkler ging diesen Weg 1912 weiter und entwickelte so genannte *Cue-Sheets*, die zur Begleitung einzelner Szenen eines bestimmten Films konkrete bereits existierende Musikstücke vorschlagen.[20] Diese *Cue-Sheets* stellen eine wichtige Vorstufe zur Tonfilmmusik dar, da hier „eine planvolle Verknüpfung der Musik mit der Filmhandlung durch die Filmproduzenten selbst eingeleitet und Musik zum Gestaltungsmittel des Films erhoben wird."[21]

Ein weiterer Schritt in der Entwicklung hin zu einer filmspezifisch komponierten Musik lieferte John S. Zamecnik: 1913 gab er die *Sam Fox Moving Picture Music Volume I*

---

[13] Roy M. Prendergast, A Critical Study of Music in Films, New York 1977, 5.
[14] Anselm C. Kreuzer, Filmmusik. Geschichte und Analyse, Frankfurt/M. 2003, 19.
[15] Vgl. Georg Maas/Achim Schudack, Musik und Film – Filmmusik, Mainz 1994, 13.
[16] Ebd., 12
[17] Anselm C. Kreuzer, Filmmusik. Geschichte und Analyse, Frankfurt/M. 2003, 29.
[18] Ebd.
[19] Vgl. ebd.
[20] Vgl. ebd., 32.
[21] Georg Maas/Achim Schudack, Musik und Film – Filmmusik, Mainz 1994, 19.

heraus. In dieser Anthologie hatte er Musiken zu zeitgenössisch populären Filmstoffen komponiert; Die Titel dieser Klavierstücke lauten beispielsweise *Indian Music*, *Death Scene* oder *Festival March*.[22]

Als Folge dieser beiden aufgezeigten Entwicklungen entstanden die so genannten *Kompilatkompositionen*, die präexistente Musik durch Auskomponierung von Übergängen und Einfügungen neuer Passagen auf einen spezifischen Film zuschnitten.[23]

Nachdem 1908 in Europa bereits erste Versuche zur Eigenkomposition zu einem bestimmten Film unternommen worden waren[24], war es dann 1915 soweit: *Paramount* richtet als erstes Filmstudio ein *Music Department* ein, welches mit der Komposition für Neuproduktionen beauftragt wird.[25]

„Filmschaffende in den USA und in Europa hatten Musik mehr denn je als ein emotionalisierendes Medium erkannt."[26]

In den USSR entwickelte der Regisseur Sergej M. Eisenstein mit seinen Komponisten Edmund Meisel und Sergej Prokofjew neue filmmusikalische Ideen. Während in Europa und den USA meistens auf traditionelle europäische Musikstilistik zurückgegriffen wurde[27], wartet die Musik Meisels mit „neutönerischen Tendenzen" auf.[28]

Gerade als „im Rahmen großer Filmproduktionen auskomponierte Kompositionen üblich geworden waren", die von professionellen Kinomusikern gespielt wurden[29], kam am 6. Oktober 1927 mit *The Jazz Singer* der erste Tonfilm in die Kinos.[30]

Der erste Tonfilm mit dramaturgisch interessanter Musik ist *Thunderbolt* von Josef von Sternberg und stammt aus dem Jahre 1929. Anders als in den ersten Tonfilmen, in denen die Musikquelle stets im Bild wieder gefunden werden konnte, übernimmt die Musik in *Thunderbolt* „auch partiell damaturgisch-kommentierende Aufgaben."[31]

---

[22] Anselm C. Kreuzer, Filmmusik. Geschichte und Analyse, Frankfurt/M. 2003, 33.
[23] Vgl. Anselm C. Kreuzer, Filmmusik. Geschichte und Analyse, Frankfurt/M. 2003, 37f.
[24] Vgl. Georg Maas/Achim Schudack, Musik und Film – Filmmusik, Mainz 1994, 19.
[25] Vgl. Anselm C. Kreuzer, Filmmusik. Geschichte und Analyse, Frankfurt/M. 2003, 40.
[26] Vgl. ebd., 40.
[27] Vgl. ebd., 69.
[28] Ebd., 42.
[29] Ebd., 62.
[30] Vgl. Georg Maas/Achim Schudack, Musik und Film – Filmmusik, Mainz 1994, 20.
[31] Anselm C. Kreuzer, Filmmusik. Geschichte und Analyse, Frankfurt/M. 2003, 61

Alfred Hitchcock brachte 1933 die für die Musik bedeutsamste Konsequenz des Tonfilms auf den Punkt: „Die begleitende Musik würde schließlich vollständig unter der Kontrolle der Leute sein, die den Film gemacht haben."[32]
Wie nun die Filmemacher den Ton bzw. die Musik einsetzen sollten, schlug wiederum Eisenstein 1928 in seinem *Tonfilmmanifest* vor: Er und seine Co-Autoren Pudowkin und Alexandrow propagierten die künstlerische, kontrapunktische Verwendung der Tonebene als Gegensatz zur Bildebene.[33] Damit meint Eisenstein beispielsweise das Spielen einer barocken Symphonie zu einem brutalen Gewaltakt, um das Schreckliche durch den Gegensatz noch stärker zu betonen. Allerdings fungierten und fungieren in den meisten Filmen damals wie heute der Ton und die Musik als Ergänzung und eben nicht als Gegensatz zur Bildebene.[34]

In der nun folgenden *Goldenen Ära* Hollywoods von ca. 1935 bis 1950 bildeten sich viele filmmusikalische Stile und Topoi heraus, die bis heute Bestand haben.[35] Als Beispiele sind hier „Liebes-Themen und süßliche Streichermotive zur Glamourisierung der Hauptdarstellerin sowie Streichertremoli als Spannungsmittel"[36] und „der Gebrauch von Leitmotiven zur Charakterisierung von Personen und Stiftung von szenischen Zusammenhängen"[37] zu nennen.
In dieser Zeit findet eine „fortschreitende Funktionalisierung"[38] statt. „Filmmusik entfernt sich immer weiter von den Formeln der Konzert- und Opernmusik und findet zu einer spezifisch filmischen Klangsprache."[39]
Nachdem das Studio-System der Goldenen Ära um 1950 zerfallen war, ergaben sich folgende bedeutende filmmusikalische Entwicklungen, die in ihrer Summe zu dem heutigen Entwicklungsstand der Filmmusik führen:
Die Aufnahme des Jazz in den Fünfzigerjahren sowie wenig später des Rock'n'rolls diente der Anpassung der Musik an neue Themen im Film wie beispielsweise die rebellierende Jugend.[40] Filmmusik nahm nun auch nicht-sinfonische Musik in ihr stilistisches Angebot auf.

---

[32] Kristin Thompson/David Bordwell: Film history, New York 1994, 213.
[33] Vgl. Georg Maas/Achim Schudack, Musik und Film – Filmmusik, Mainz 1994, 22.
[34] Vgl. ebd., 23.
[35] Vgl. ebd., 23.
[36] C. Kreuzer, Filmmusik. Geschichte und Analyse, Frankfurt/M. 2003, 69.
[37] Ebd., 69f.
[38] Ebd., 77.
[39] Anselm C. Kreuzer, Filmmusik. Geschichte und Analyse, Frankfurt/M. 2003, 77.
[40] Vgl. Georg Maas/Achim Schudack, Musik und Film – Filmmusik, Mainz 1994, 26f.

Bis Ende der Sechzigerjahre „wird deutlich, dass aus der Pluralität bestehender musikalischer und filmmusikalischer Ansätze ein neuer und für den Film individueller Stil geschaffen wurde."[41]

Durch Einführung von Erzeugern synthetischer Klänge, der Synthesizer, in den siebziger und achtziger Jahren wurde das Instrumentarium, dessen sich die Filmmusiker bei der Schaffung dieses filmindividuellen Stils bedienen können, noch erweitert.

Die Entwicklung bis heute zeigt, dass im bisherigen Verlauf der Filmgeschichte Komponisten und Regisseure das funktionale Verhältnis der Musik zum Bild differenziert und sensibilisiert haben.[42]

Auch Kloppenburg bezeichnet die Geschichte der Filmmusik als „die Geschichte der Erweiterung und Ausdifferenzierung ihrer Funktionen", was ihn darauf schließen lässt, dass „stilistisch heute alles möglich" sei.[43]

3.1 Musikdramaturgische Grundlagen

Der Komponist setzt das Zeichensystem der Musik dazu ein, dem Rezipienten die verschiedenen Aussagewünsche des Regisseurs zu verdeutlichen.[44] Dabei nähert sich die Funktion jedes einzelnen Musikeinsatzes immer einem der folgenden beiden Pole an: Funktionen des ersten Pols zielen stets und grundsätzlich nur auf „emotionale Beeinflussung"[45] des Rezipienten ab, denn

> das Ohr (dem Adorno etwas dösendes zugesprochen hatte) besitzt eine weit geringere Übertragungskapazität und ist weniger mit dem (für intelligente Leistungen zuständige) Großhirn, sondern mit dem für das Emotionale und Affektive zuständigen Stammhirn (z.B. Thamalus und limbischem System) verknüpft.[46]

Der Tendenz der Funktionen des zweiten Pols dagegen ist die,

> die darüber hinaus in einem antithetischen Zusammenwirken von Bild und Ton Möglichkeiten rationaler Erkennungsprozesse bejaht, welche eine der beiden Komponenten allein nicht erfüllen könnte.[47]

Es wird deutlich, dass Musikdramaturgie nur ein Teil der allgemeinen Dramaturgie des Films ist. Auch wenn sie in der Produktionsreihenfolge des Spielfilms meist am

---

[41] Ebd., 106.
[42] Vgl. Wolfgang Thiel, Filmmusik in Geschichte und Gegenwart, Berlin-DDR 1981, 65.
[43] Josef Kloppenburg, „Didaktik der Filmmusik", in: *Musik in der Schule* 4 (1999), 237-242.
[44] Vgl. Norbert J. Schneider, Handbuch Filmmusik I, München 1990, 81.
[45] Vgl. Wolfgang Thiel, Filmmusik in Geschichte und Gegenwart, Berlin, 1981, 60.
[46] Norbert J. Schneider, Handbuch Filmmusik I, München 1990, 64.
[47] Wolfgang Thiel, Filmmusik in Geschichte und Gegenwart, Berlin, 1981, 60.

Schluss steht, muss sie auf alle anderen Gestaltungsmittel (Sounddesign, Kameraführung, Ausleuchtung, etc.) Rücksicht nehmen.[48] Gerade das „antithetische Zusammenwirken" von Bild und Ton wird nicht immer von jedem Rezipienten verstanden – Filmmusik zeigt also nicht immer die Wirkung, die sich der Filmemacher von ihr versprach.
Somit kann man sagen, dass Funktionen von Filmmusik auch als „intendierte Wirkung von Filmmusik" definiert werden können.[49]
Wir können nun mit Schneider feststellen, dass Filmmusik zum *analogen* Informationsanteil des Films gehört.[50] Als *analog* werden solche Informationen bezeichnet, die im Gegensatz zu *digitalen* Informationen nicht immer unzweifelhaft umrissen sind, sondern ihre Botschaften auch indirekt übermitteln – am Beispiel der mündlichen Sprache beispielsweise illustriert Schneider dies anhand von Betonung, Sprachtimbre und Gestik.[51]

3.2 Die Funktionspalette

1. Herstellung von Atmosphären

Die Atmosphäre ist letztendlich etwas nicht exakt Definierbares; Damit eignet sie sich hervorragend zur Reproduktion durch Musik, deren Aussagen ebenfalls nicht konkret fassbar sind.[52]
Die Musik kann im Zusammenspiel mit den Geräuschen die Grundstimmung einer z.B. bedrohlichen oder heiteren Szene leicht und schnell übermitteln.[53] Beispielsweise wird gleich zu Beginn von Robert Zemeckis *Forrest Gump* (0:00:16 – 0:02:43) durch das Hauptthema eine „weltfremd-verträumte" Atmosphäre, die auch einem „Anflug von Tristesse" nicht entbehrt, etabliert, in der sich folglich die Geschichte entfaltet.[54]
Besonders im Zusammenhang der diskontinuierlichen Erzählweise des Films, die im Sekundentakt zwischen Szenen verschiedensten Charakter springt, spielt die Musik

---
[48] Vgl. Norbert J. Schneider, Handbuch Filmmusik I, München 1990, 63.
[49] Vgl. Claudia Bullerjahn, Grundlagen zur Wirkung von Filmmusik, Augsburg 2001, 59.
[50] Vgl. Norbert J. Schneider, Handbuch Filmmusik I, München 1990, 70.
[51] Vgl. Norbert J. Schneider, Handbuch Filmmusik I, München 1990, 69.
[52] Vgl. Matthias Keller, Stars and Sounds, Kassel 1996, 42.
[53] Vgl. Norbert J. Schneider, Handbuch Filmmusik I, München 1990, 91.
[54] Vgl. Matthias Keller, Stars and Sounds, Kassel 1996, 44.

eine wichtige Rolle, um den Zuschauer für die Aussage der jeweiligen Szene zu öffnen.[55] Schneider schreibt der Musik im Zusammenhang mit der Atmosphäre auch noch die Funktion zu, Zustände vermitteln zu können, die für den Film sonst „technisch nicht reproduzierbar" sind wie beispielsweise „Luftdruck, […], Trockenheit und Geruch."[56]

2. Abbildung von Emotionen

Eng verwandt mit der Herstellung der szenischen Atmosphäre ist die Funktion der Emotionsabbildung. So kann die Musik eingesetzt werden, um die „allgemeine Stimmung, die persönliche psychische Disposition einer Figur, die psychische Entwicklung einer Figur oder einen psychischen Konflikt zwischen zwei Figuren" wiederzugeben.[57] Rabenalt dazu: „Insofern Musik beteiligt ist, leistet sie den denkbar intensivsten Einfühlungsakt mit!"[58] Die Musik dient hier der „Verdeutlichung seelischer Vorgänge", die mitunter schwer sichtbar zu machen sind.[59] Laut Evans ist die Musik zur emotionalen Einfühlung in das Befinden der Figur nicht nur ein außerordentlich praktisches Mittel, sondern auch noch eines, das „incredibly subtle" arbeitet.[60] Ein kraftvolles Beispiel findet sich in *1492 – Conquest of Paradise* von Ridley Scott. Im Gespräch mit seinem Vater erzürnt sich Columbus darüber, dass der spanische Hof seinen Antrag zur Finanzierung einer Expeditionsreise abgelehnt hat (0:17:09 - 0:18:21). Später in der Sequenz ist er außer sich vor Wut, schreit herum und verwüstet den Raum. Seine innere Aufgewühltheit wird durch einen äußerst hoch singenden Chor und dunkel schlagende Trommeln widergespiegelt. Seiner gewaltbereiten Stimmung entspricht der Einsatz von Blechbläsern, denen ja das Militärklischee anhaftet.

---

[55] Vgl. Hansjörg Pauli, Filmmusik: Stummfilm, Stuttgart 1981, 181.
[56] Vgl. Norbert J. Schneider, Handbuch Filmmusik I, München 1990, 91.
[57] Vgl. ebd., 93.
[58] Peter Rabenalt, „Dramaturgie der Filmmusik", in: *Aus Theorie und Praxis des Films* 3 (1986), 59.
[59] Vgl. Claudia Bullerjahn, Grundlagen zur Wirkung von Filmmusik, Augsburg 2001, 70.
[60] Mark Evans, Soundtrack – The Music of the Movies, New York 1979, 217.

3. Setzen von Ausrufezeichen

Musik kann – selbst durch einen einzigen Akkord-Anschlag – die „nicht sichtbare Tragweite"[61] eines Ereignisses herausarbeiten und die Aufmerksamkeit des Rezipienten gezielt auf bestimmte Personen, Gegenstände oder Vorgänge richten.[62] Beispiele für diese Funktion sind leicht zu imaginieren.

Eine Nebenfunktion des Ausrufezeichens ist, dass sie dem Zuschauer indirekt verdeutlicht, sich in einer Inszenierung zu befinden.[63] In der Realität weist uns schließlich niemand durch beispielsweise einen dunklen Tusch auf eine verhängnisvolle Tat hin.

4. Illustration von Bewegungen

Laut Lissa lenkt die sich zu den Bewegungen eines oder mehrerer im Bild befindlicher Objekte synchron entwickelnde Musik unsere Aufmerksamkeit auf den ästhetischen Wert der Bewegungsformen im Bild und ist somit ein künstlerisches Mittel.[64]

Ein Paradebeispiel für die vor allem früher sehr häufig verwendete illustrative Praxis ist die Filmmusik zu *King Kong und die weiße Frau* von Max Steiner. Eine für unsere Beweisführung prädestinierte Szene ist die, in der King Kong sich einiger seiner Verfolger entledigt, indem er sie von einem über eine Schlucht liegenden Baumstamm schüttelt (0:46:00 – 0:47:32).[65] Am Ende dieser Szene hebt der Gorilla den Baumstamm von einer Seite aus an – wobei der vorletzte Mensch hinabfällt – , um den Stamm schließlich in die Schlucht zu werfen. Die Musik zu den zwei vertikalen Bildbewegungen ‚Baumstamm hoch' und ‚Mensch runter' steigt die Tonleiter langsam immer weiter hinauf bzw. rasant tief hinab. Das spätere Aufkommen des Baumstammes auf dem Grund der Schlucht wird akustisch mit einem tiefen Tusch untermalt.

Ein Kommentar Steiners zu seinem Werk lautet „Ja – manchmal übertreibe ich es."[66] Da es nicht nur Steiner, sondern auch viele andere Komponisten seiner Zeit – besonders auch die für Walt Disney arbeitenden - mit ihrem Drang zum Illustrativen

---

[61] Claudia Bullerjahn, Grundlagen zur Wirkung von Filmmusik, Augsburg 2001, 70.
[62] Vgl. ebd., 74.
[63] Vgl. Norbert J. Schneider, Handbuch Filmmusik I, München 1990, 92.
[64] Vgl. Zofia Lissa, Ästhetik der Filmmusik, Berlin-DDR 1965, 121.
[65] Eine Transkription dieser Szene findet der geneigte Leser auf Seite 23.
[66] Max Steiner, zitiert nach: Matthias Keller, Stars and Sounds, Kassel 1996, 57.

übertrieben haben, wird dieses Mittel heute kaum noch als künstlerisch angesehen.[67] In Hollywood spricht man auch spöttisch vom *mickey-mousing*.

5. Integration von Bildern

Da, wie bereits erwähnt, eine fortwährende kohärente Musik die Wahrnehmung des in diskontinuierlichen Bildern erzählten Filmes erleichtert[68], hilft ebensolche Musik auch dabei, fremdes Filmmaterial zu integrieren.[69]
Selbst wenn sie keine Spielfilme sind, so sind die Dokumentarfilme Michael Moores doch anschaulichste Beispiele der Integrationsfunktion. *Fahrenheit 9/11* enthält eine Sequenz, in der mehrere Zusammentreffen von Mitgliedern der US-Administration mit arabischen Geschäftspartnern aneinander montiert sind (0:32:18 – 0:33:08). Die von verschiedensten Kamerateams unter verschiedensten Lichtverhältnissen aufgenommenen Szenen werden von der musikalischen Klammer in Form des Popsongs *Shiny Happy People* von R.E.M. zusammengehalten, womit die Sequenz stimmig und trotz aller optischen Unterschiede durchaus nicht brüchig wirkt.[70]
Auch können Rückblenden und Vorschauen, also irritierende und in der Realität nicht mögliche Handlungssprünge, durch den Einsatz von Musik nahtlos in den filmischen Ablauf eingefügt werden.

6. Herstellung von werkimmanenten Bezügen

Identische oder nicht zu stark variierte Musik kann Personen, Handlungen, Ereignisse oder ganze Situationen „markieren"' und mit einem „Stimmungsgewand" versehen.[71] Mit dieser auch Leitmotivtechnik genannten Funktion können sowohl „Verbindungen zwischen den Handlungssträngen"[72] hergestellt und „Sinnbezüge und -zusammenhänge"[72] herausgearbeitet werden als auch aus dem Werk bereits bekannte Stimmungen leicht wieder hergestellt werden.[73]
In Dieter Wedels 465 Minuten langem Drama *Der große Bellheim* erlebt Konzernchef Peter Bellheim abwechselnd Phasen voller Hoffnung und des drohenden Unterganges. Zu Beginn bzw. Abschluss dieser Phasen wird der Zuschauer durch

---

[67] Vgl. Norbert J. Schneider, Handbuch Filmmusik I, München 1990, 92.
[68] Vgl. Claudia Bullerjahn, Grundlagen zur Wirkung von Filmmusik, Augsburg 2001, 72.
[69] Vgl. Norbert J. Schneider, Handbuch Filmmusik I, München 1990, 93.
[70] Eine Transkription dieser Sequenz befindet sich auf Seite 19.
[71] Norbert J. Schneider, Handbuch Filmmusik I, München 1990, 95.
[72] Claudia Bullerjahn, Grundlagen zur Wirkung von Filmmusik, Augsburg 2001, 71.
[73] Vgl. Norbert J. Schneider, Handbuch Filmmusik I, München 1990, 95.

die an die vorherrschende depressive oder hoffnungsvolle Stimmung angepasste Titelmelodie auf die kommenden Ereignisse auf subtile Art und Weise eingestimmt bzw. wird die Stimmung der letzten Szenen noch einmal hervorgehoben.

Von vordergründiger Leitmotivtechnik wird gesprochen, wenn „jede Person ihr eigenes Thema hat, das erklingt wenn die Person wiederkehrt oder von ihr die Rede ist."[74] Die oben bereits beschriebene Funktion der Illustration von Bewegungen kann helfen, einzelnen Personen ein Leitmotiv zuzuordnen.[75]

7. Formbildende Funktion

Die nach Maas auch *syntaktisch* genannten Funktionen können dem Rezipienten den strukturellen Aufbau des Films verdeutlichen.[76] Zum Beispiel kann eine Crescendoform, also Steigerungsform des Filmes dadurch betont werden, dass das musikalische Hauptthema zunächst nur – evtl. in verschiedenen Spielarten gemäß anderen Anforderungen der jeweiligen Szene – zitiert und erst zum Finale in voller Klangfülle und Lautstärke ertönt.[77] Des Weiteren kann durchgängige Musik verwendet werden, um verschiedene Szenen miteinander zu verknüpfen[77] oder kann „Zwischenaktmusik" dazu eingesetzt werden, verschiedene „Sinneinheiten" voneinander zu trennen.[78]

Besonders hilfreich ist der Einsatz von Musik auch, wenn sie Zeitsprünge in der Handlung überbrückt.[79]

Ein unbestreitbar schönes Beispiel hierzu findet sich in einer aufwendigen Plansequenz aus *Notting Hill*, in der Protagonist William bei einem Spaziergang über den Markt ein ganzes Jahr erlebt: zunächst ist es Sommer, dann wird es Herbst, der Winter bricht herein, der Frühling erobert das Feld – um schließlich dem Sommer wieder Platz zu machen. Diese Zeit vergeht wie im Fluge und alles erscheint uns vollkommen natürlich, während wir der Stimme von Bill Withers, der *Ain't no sunshine* singt, lauschen (1:24:27 – 1:26:03).

Weiter können auch „Manipulationen der Erzählzeit" und unterschiedliche Handlungsebenen durch verschiedenartige Musik erkennbar gemacht werden.[80] So

---

[74] Norbert J. Schneider, Handbuch Filmmusik I, München 1990, 95.
[75] Vgl. ebd., 93.
[76] Vgl. Georg Maas/Achim Schudack, Musik und Film – Filmmusik, Mainz 1994, 35f.
[77] Vgl. Norbert J. Schneider, Handbuch Filmmusik I, München 1990, 96.
[78] Vgl. Helga de la Motte-Haber, „Wirkungen der Filmmusik auf den Zuschauer", in: *Musica* 34 (1980), 12-17.
[79] Vgl. Norbert J. Schneider, Handbuch Filmmusik I, München 1990, 104.

kann eine Handlungsebene beispielsweise durch eine befremdende Musikcollage und den Einsatz von Hall-Effekten als irreal charakterisiert werden.[81] Prendergast stellt weiter folgende strukturierende Funktion fest: „Music can provide the underpinning for he theatrical buildup of a *scene* and then round it off with a sense of finality."[82] [Hervorhebung durch P.F.] Beispielsweise kann Musik durch bloße Pegelerhöhung zum Höhepunkt der Szene hinführen und durch plötzliches akustisches Hervorbrechen diesen besonders betonen. Zum Dritten kann Musik „dem ganzen Film durch geschlossene kompositorische Konzeption, durch homogene Aufführungsmittel und einheitliches thematisches Material ein einheitliches Klima verleihen."[83]

8. Evozierung historischer Zeit bzw. Vermittlung gesellschaftlichen Kontextes

Die Musik ist ein genauso günstiges wie wichtiges Mittel um eine andere Zeit oder einen anderen Ort bzw. eine andere oder fremde gesellschaftliche Situation zu etablieren.[84] Der Komponist setzt solche Musik ein, die bei den Rezipienten eine zu den auf der Leinwand dargestellten Situation passende Assoziationen hervorruft, um die Situation vertiefend zu charakterisieren und ihr damit mehr Glaubwürdigkeit zu schenken.[85]

Beispielsweise reicht Martin Campbell zu Beginn von *Die Maske des Zorro* eine schlichte Texteinblendung – die das Mexico des Jahres 1892 ankündigt – , zu der die typisch spanisch-mexikanischen Gitarrenklänge gespielt werden, um in die Thematik des Films einzustimmen (0:01:00 – 0:01:24). Im darauf folgenden Bild beginnt bereits ohne weitere Panoramaschwenks oder ähnlichen Einführungstechniken die Handlung.

9. Komik, Karikatur und Parodie durch Musik

Wie es schwer fällt, eine Definition von Humor zu etablieren, fällt es ebenfalls schwer, eine sichere Methode zu modellieren, wie Musik gezielt einen komischen Effekt hervorrufen kann. Laut Rabenalt kann Musik einem Film zur Komik verhelfen,

---

[80] Vgl. Claudia Bullerjan, Grundlagen der Wirkung von Filmmusik, Augsburg 2001, 71
[81] Vgl. Norbert J. Schneider, Handbuch Filmmusik I, München 1990, 98.
[82] Roy M. Prendergast, A Critical Study of Music in Films, New York 1977, 210.
[83] Zofia Lissa, Ästhetik der Filmmusik, Berlin-DDR 1965, 106.
[84] Vgl. Mark Evans, Soundtrack – The Music of the Movies, New York 1979, 227.
[85] Vgl. Claudia Bullerjahn, Grundlagen zur Wirkung von Filmmusik, Augsburg 2001, 71.

indem sie zum Geschehen auf der Leinwand in einem „,unangemessenen' Verhältnis" steht.[86]
So kann es durchaus als amüsant bezeichnet werden, wenn in *Der große Diktator* im Friseursalon im von den Nazis unterjochten Tomanien nach der Rundfunkdurchsage „Schön durch Arbeit! Wir schaffen alle im Rhythmus der Musik!" der *Ungarische Tanz Nr. 5*, der ja deutlich zigeunerischen Charakter aufweist, vom deutschen Komponisten Johannes Brahms gespielt wird und dazu Charlie Chaplin als jüdischer Barbier im Gleichschritt mit der Musik die Rasierklinge tanzen lässt (0:53:45 – 0:55:47).[87]

10. Kommentar durch Musik

Durch die Musik, die letztendlich getrennt vom üblichen Produktionsprozess erstellt und erst im allerletzten Arbeitsschritt dem Film hinzugefügt wird, können der Regisseur und sein Komponist einen Kommentar zum Leinwandgeschehen geben.[88]
So kann Musik sogar eine „ironische oder kritische Distanz" zu den Bildern ausdrücken.[89]
In einer Sequenz in *Al Capone* verrichten Auftragskiller ihre Arbeit zu einer Musik, die laut Mark Evans ein „remarkable music mix" ist, in dem „happy, carefree 1920s dance music and lyrical Italian opera are combined (…)." Der Effekt dieses Einsatzes ist, dass die „violence of the scene seems doubly brutal."[90]

11. Physiologische Konditionierung

Musik ermöglicht die Ausdehnung der Wahrnehmung des Films über den Verstand hinaus auf den ganzen Körper.[91] „Vor allem bei Lautstärken über 65 Phon, [wirkt Musik] als unmittelbare Stimulanz auf das Vegetativum und löst damit eine Art körperlicher Reaktion aus, die kognitiv kaum mehr zu kontrollieren ist."[92] In der Alltagssprache wird dieser Effekt gerne als Musik, die unter die Haut fährt, beschrieben.

---

[86] Peter Rabenalt, „Dramaturgie der Filmmusik", in: *Aus Theorie und Praxis des Films* 3 (1986), 63.
[87] Details zur Musik aus: Mark Keller, Stars and Sounds, Kassel 1996, 128.
[88] Vgl. Zofia Lissa, Ästhetik der Filmmusik, Berlin-DDR 1965, 158.
[89] Vgl. Claudia Bullerjahn, Grundlagen zur Wirkung von Filmmusik, Augsburg 2001, 70.
[90] Mark Evans, Soundtrack – The Music of the Movies, New York 1979, 224.
[91] Vgl. Norbert J. Schneider, Handbuch Filmmusik I, München 1990, 102.
[92] Matthias Keller, Stars and Sounds, Kassel 1996, 141.

So lässt uns Bernard Herrmann erschaudern, wenn er in Hitchcocks *Psycho* seine Streicherattacken reiten lässt, während Marion in der Dusche erstochen wird (0:32:52 – 0:35:41).

12. Vermittlung von Raumgefühl

Musik kann den flachen Bildern auf der Leinwand zu mehr Plastizität und Tiefenwirkung, eben zu mehr Raumwirkung, verhelfen.[93] Schneider stellt hierzu begründet fest, dass

> Filmmusik unmittelbar von der Analogie, die im menschlichen Gehör zwischen Tonraum und realer Raumvorstellung geschaffen wird, profitiert (nicht zuletzt weil auch das für das Raumgefühl zuständige Gleichgewichtsorgan im Innenohr sich befindet).[94]

In Wolfgang Petersens *Das Boot* wird der Kontrast der unendlichen Weiten des Meeres und der beklemmenden Enge im U-Boot selbst durch die Musik widergespiegelt bzw. verdeutlicht. Während zu den Außenaufnahmen – beispielsweise während der Jagd auf den Geleitzug (0:42:48 – 0:44:57) – ein großes Orchester in Einklang mit den Wellen tobt, ist der Tonumfang der Musik während der Innenaufnahmen nicht annähernd so groß und es herrscht flachere Musik vor.

13. Persuasive Funktion[95]

Indem die Musik auf die Emotionen des Rezipienten einwirkt,

> schafft sie eine Verbindung zwischen der auf der Leinwand dargestellten Welt und den vermuteten Gefühlen der Filmhelden einerseits und den Gefühlen des Zuschauers andererseits [...].[96]

So wie der Zuschauer durch die Musik in die emotionalen Zustände der Figur hineinversetzt wird, wird bei ihm gleichsam das Miterleben der Geschehnisse in der Filmwelt intensiviert.[97]

Wie er das Geschehen dann aus der Sicht bzw. der Gefühlswelt dieser einen Figur bzw. Gruppe erlebt, kann er sie auch unter dem Eindruck eines generellen, wiederum durch Musik hervorgerufenen Gefühls wie zum Beispiel Angst, etc. erleben.[98]

---

[93] Wolfgang Thiel, Filmmusik in Geschichte und Gegenwart, Berlin, 1981, 60.
[94] Norbert J. Schneider, Handbuch Filmmusik I, München 1990, 103f.
[95] Claudia Bullerjahn, Grundlagen zur Wirkung von Filmmusik, Augsburg 2001, 73.
[96] Zofia Lissa, Ästhetik der Filmmusik, Berlin-DDR 1965, 100.
[97] Vgl. ebd.
[98] Vgl. ebd., 103.

Zur persuasiven Wirkung schreibt Werner Faulstich in Bezug auf den Hubschrauberangriff der US-Armee auf ein vietnamesisches Dorf (0:32:46 – 0:43:21) in *Apokalypse Now*:

> Für einige Momente identifizieren wir uns: verspüren die Aufregung, den Spaß, die Lust am Krieg. Sekundenlang wallt das Gefühl von Stärke, Macht und Herrschaft in uns auf, während Richard Wagners ‚Walkürenritt' durch überdimensionale Lautsprecher ertönt. Wir werden persönlich einbezogen und damit unversehens selber schuldig. Peter W. Jansen nannte das ‚Überwältigungsstrategie', [...].[99]

4.0 Schlussakkord

Wir stellen nun mit Schneider fest, dass eine gute Filmmusik nicht wie autonome Musik durch einen hohen künstlerischen Anspruch ausgemacht wird, sondern durch eine möglichst gute Abstimmung mit den Bildinhalten und den Aussageabsichten des Regisseurs.[100] Ähnlich formulierte es Hindemith schon 1928: „Die beste Filmmusik – wie die beste Frau – ist die, die nicht stört, das heißt, die man als Selbstverständlichkeit empfindet."[101] Damit ist klar, dass die Musikdramaturgie besonders gut funktioniert, wenn sie mit den anderen Gestaltungsmitteln des Films, beispielsweise der Kameraführung oder der Lichtdramaturgie, Hand in Hand arbeitet.[102]

Wie der aufmerksame Leser gemerkt hat, schlichen sich in der *Funktionspalette* Doppelungen ein. Diese ließen sich zum Glück nicht vermeiden, da das *analog* arbeitende Medium (Film-)Musik eben nicht wie ein Schraubenzieher einzig zu einem präzisen Zweck eingesetzt werden kann, sondern einen ganzen Katalog von Funktionen übernehmen kann – und dies auch durchaus gleichzeitig.[103]

Zuletzt bleibt zu hoffen – und darf nach Ansicht des Autors erwartet werden –, dass die hier dargelegte Funktionspalette in Zukunft durch kreative und künstlerische Filmemacher ergänzt werden wird.

---

[99] Werner Faulstich, „Didaktik des Grauens", in: Gunter E. Grimm (Hrsg.), *Apokalypse. Weltuntergangsvisionen in der Literatur des 20. Jahrhunderts,* Frankfurt a.M. 1986, 246-267, hier 250.
[100] Vgl. Norbert J. Schneider, Handbuch Filmmusik I, München 1990, 87.
[101] Paul Hindemith, „Kammermusik oder Filmmusik – Die Hauptsache ist gute Musik", in: Giselher Schubert (Hrsg.), *Aufsätze, Vorträge, Reden,* Zürich 1994, 79-82, hier 81.
[102] Vgl. Norbert J. Schneider, Handbuch Filmmusik I, München 1990, 78.
[103] Vgl. Georg Maas/Achim Schudack, Musik und Film – Filmmusik, Mainz 1994, 38.

5.1 Bibliographie

1.) Adorno, Theodor Wiesengrund/Eisler, Hanns (geschrieben 1944, publiziert 1969): Komposition für den Film. München: Rogner & Bernhard.
2.) Bullerjahn, Claudia (2001): Grundlagen zur Wirkung von Filmmusik. Augsburg: Wißner.
3.) Evans, Mark (1979): Soundtrack – The Music of the Movies. New York: Da Capo.
4.) Faulstich, Werner (1986): Didaktik des Grauens. Eine Interpretation von Francis Ford Coppolas ‚Apokalypse Now', in: Gunter E. Grimm u.a. (Hrsg.), Apokalypse. Weltuntergangsvisionen in der Literatur des 20. Jahrhunderts, Frankfurt a.M.: Suhrkamp, 246-267.
5.) Hindemith, Paul (1928): Kammermusik oder Filmmusik – Die Hauptsache ist gute Musik, in: Giselher Schubert (Hrsg.), Aufsätze, Vorträge, Reden, Zürich: Atlantis-Musikbuch-Verlag, 79-82.
6.) Keller, Matthias (1996): Stars and Sounds. Kassel: Bärenreiter.
7.) Kloppenburg, Josef (1999): Didaktik der Filmmusik, in: Musik in der Schule 4, 237-242.
8.) Kreuzer, Anselm C. (2003): Filmmusik. Geschichte und Analyse. Frankfurt a. M.: Peter Lang Verlag.
9.) Lissa, Zofia (1965): Ästhetik der Filmmusik, Berlin-DDR: Henschel.
10.) London, Kurt (Erstveröffentlichung 1936, Reprint 1970): Film Music. Salem: Arno Press.
11.) Maas, Georg/Schudack, Achim (1994): Musik und Film – Filmmusik. Mainz: Schott.
12.) De la Motte-Haber, Helga (1980): Wirkungen der Filmmusik auf den Zuschauer, in: Musica 34, 12-17.
13.) Pauli, Hansjörg (1981): Filmmusik: Stummfilm. Stuttgart: Klett-Cotta.
14.) Prendergast, Roy M. (1977): A Critical Study of Music in Films. New York: Norton & Company.
15.) Rabenalt, Peter (1986): Dramaturgie der Filmmusik, in: Aus Theorie und Praxis des Films 3, 1-107.

16.) Schneider, Norbert Jürgen (1990): Handbuch Filmmusik I. München: Ölschläger.
17.) Thompson, Kristin/Bordwell, David (1994): Film History. New York: McGraw-Hill.
18.) Thiel Wolfgang (1981): Filmmusik in Geschichte und Gegenwart. Berlin-DDR: Henschel.

5.2 Mediographie

1.) 1492 – Eroberung des Paradises (USA 1992), R: Ridley Scott, M: Vangelis
2.) Al Capone (USA 1959), R: Richard Wilson, M: David Raksin
3.) Arrivée d'un train à la Ciotat, L' (F 1896), R: Auguste Lumière, Louis Lumière M : -
4.) Apokalypse Now (USA 1979), R : Crancis Ford Coppola, M: Carmine Coppola, Francis Ford Coppola
5.) Boot, Das (D 1981), R: Wolfgang Petersen, M: Klaus Doldinger
6.) Fahrenheit 9/11 (USA 2004), R: Michael Moore, M: Jeff Gibbs, Bob Golden
7.) Forrest Gump (USA 1994), R: Robert Zemeckis, M: Alan Silvestri
8.) Große Bellheim, Der (D 1993), R: Dieter Wedel, M: David Knopfler, Michael Landau
9.) Große Diktator, Der (USA 1940), R: Charles Chaplin, M: Meredith Willson, Charles Chaplin
10.) Jazz Singer, The (USA 1927), R: Alan Crosland, M: James V. Monaco, Louis Silvers
11.) King Kong und die weiße Frau (USA 1933), R: Merian C. Cooper, Ernest B. Schoedsack, M: Max Steiner
12.) Maske des Zorro, Die (USA 1998), R: Martin Campbell, M: Trevor Jones
13.) Notting Hill (GB 1999), R: Roger Michell, M: Trevor Jones
14.) Psycho (USA 1960), R: Alfred Hitchcock, M: Bernard Herrmann
15.) Thunderbolt (USA 1929), R: Josef von Sternberg, M: Sam Coslow, Carl Hajos

Treffen zwischen Arabern und der US-Administration aus *Fahrenheit 9/11* von Michael Moore

Nr.	Handlungsablauf	Dialog	Geräusche	Einstellungsbeschreibung	Zeit	Musik
1	Außenaufnahme. George W. Bush geht Hand in Hand mit einem saudischen Geschäftspartner über einen Rasen.	-	-	Halbnahe, frontal geschossen. Effektblende auf 2.	0:32:18	R.E.M.: Shiny Happy People
2	Innenaufnahme in einer Halle. George Bush sen. geht auf einen Saudi zu und streckt ihm die Hand entgegen, die beiden schütteln sich die Hände.	-	-	Halbnahe, seitlich geschossen. Effektblende auf 3.	0:32:21	"
3	Innenaufnahme in einem neuen Gebäude. George W. Bush sitzt neben einem Saudi auf einem Stuhl. Sie schütteln sich die Hände.	-	-	Standbild: Halbnahe, frontal geschossen. Effektblende auf 4.	0:32:26	"
4	Innenaufnahme eines anderen Gebäudes. George W. Bush sitzt neben einem anderen Saudi.	-	-	Standbild: Großaufnahme. George W. Bush im Vordergrund, der Saudi im Hintergrund. Effektblende auf 5.	0:32:25	"

5	Innenaufnahme, wieder neues Gebäude. Ein Amerikaner steht neben einem Saudi vor einer Gardine. Sie lachen.	-	Standbild von schlechter technischer Qualität: Halbnahe. Schwenk auf 6.	0:32:31	"
6	Innenaufnahme, wieder neues Gebäude. George Bush sen. steht neben einem Saudi in einem Gang. Sie unterhalten sich und sind bestens gelaunt.	-	Halbnahe. Die beiden Personen rechts, links ein langer Gang. Harter Schnitt auf 7.	0:32:34	"
7	Innenaufnahme, wieder neues Gebäude. Ein Amerikaner schüttelt einem Saudi die Hand. Sie lachen.	-	Halbnahe, seitlich geschossen. Harter Schnitt auf 8.	0:32:37	"
8	Innenaufnahme, wieder neues Gebäude. George Bush sen. und ein Saudi geben sich inmitten einer Menschenmenge die Hand.	-	Halbnahe, frontal-seitlich geschossen. Harter Schnitt auf 9.	0:32:39	"
9	Außenaufnahme, nachts. George Bush sen. fährt mit zwei Saudis eine Rolltreppe zu einem Flugzeug hinauf. Der Präsident hört den beiden zu.	-	Halbnahe, schräg von vorne geschossen. Harter Schnitt auf 10.	0:32:42	"
10	Innenaufnahme in einem Palast. Ein Amerikaner gibt einem auf einem goldenen Stuhl sitzenden Saudi die Hand. Der Amerikaner grinst.	-	Halbnahe, schräg von vorne geschossen. Harter Schnitt auf 11.	0:32:45	"

11	Innenaufnahme in einem Museum. George W. Bush gibt einem Saudi lächelnd die Hand.	-	-	Halbnahe, frontal geschossen. Ganz kurze Ranfahrt. Harter Schnitt auf 12.	0:32:47
12	Innenaufnahme, anderes Gebäude. George Bush sen. unterhält sich mit einem Saudi. Der Saudi lacht.	-	-	Großaufnahme, seitlich geschossen. Harter Schnitt auf 13.	0:32:50
13	Außenaufnahme. Zwei Amerikaner gehen mit einem Saudi in ihrer Mitte über einen Platz. Bewegungsrichtung nach links. Sie lachen.	-	-	Halbtotale: seitlich von vorn geschossen. Langsame Fahrt nach links. Harter Schnitt auf 14.	0:32:50
14	Innenaufnahme. Colin Powell steht mit einem Saudi vor einer Tür. Sie schütteln sich die Hände. Besonders Mr. Powell grinst in die Kamera.	-	-	Halbnahe, frontal geschossen. Harter Schnitt auf 15.	0:32:55
15	Außenaufnahme. Ein Amerikaner empfängt zwei aus einem Flugzeug steigende lächelnde Saudis mit lachendem Gesicht und weißt ihnen den Weg.	-	-	Halbtotale. Seitlich von vorn geschossen. Schwenk nach rechts. Harter Schnitt auf 16.	0:32:58

Nr.	Handlungsablauf	Dialog	Geräusche	Einstellungsbeschreibung	Zeit	Musik
16	Innenaufnahme. George W. Bush setzt sich hin und gibt kurz danach einem Saudi an einem Nachbartisch die Hand und zieht daraufhin eine fröhliche Grimasse.	-	-	Halbtotale. Leichte rausfahrt. Dabei später einsetzend ein langsamer Schwenk nach rechts. **Sequenzende.**	0:33:02	R.E.M.: Shiny Happy People. Musik wird ausgeblendet.

Die Schlucht aus *King Kong und die weiße Frau* von Merian C. Cooper

Nr.	Handlungsablauf	Dialog	Geräusche	Einstellungsbeschreibung	Zeit	Musik
1	Der Baumstamm liegt über der Schlucht. Ringsum Urwald. Die Menschen rennen auf den Baumstamm und bleiben dort stehen bzw. fallen hin.	-	-	Totale im Urwald, Harter Schnitt auf 2.	0:46:00	Konstante Untermalung durch Trommeln und Blechbläser.
2	King Kong im Urwald, er geht nach links auf eine Lichtung zu.	-	-	Totale im Urwald, Harter Schnitt auf 3.	0:46:09	Konstante Untermalung durch Trommeln und Blechbläser.

3	King Kong taucht im Hintergrund des Baumstammes auf und nähert sich. Die Menschen wollen flüchten. Einer von ihnen hangelt sich an einer Liane vom Baumstamm herab.	Einer der Menschen auf dem Baumstamm: "Achtung, schnell weg hier - da kommt er!"	-	Totale: Der Baumstamm im Vordergrund, im Hintergrund Urwald. Harter Schnitt auf 4.	0:46:14	Konstante Untermalung durch Trommeln und Blechbläser.
4	Einer der Menschen hängt an der Liane.	-	-	Totale, die Wand der Schlucht. Harter Schnitt auf 5.	0:46:25	Konstante Untermalung durch Trommeln und Blechbläser.
5	King Kong packt den Baumstamm und fängt an, ihn hin und her zu drehen - nun klammern sich die Menschen an den Baumstamm.	-	-	Totale: Im Vordergrund der Dschungel, in der Mitte die flüchtenden Menschen, im Hintergrund King Kong. Harter Schnitt auf 6.	0:46:28	Konstante Untermalung durch Trommeln und Blechbläser. Die Blechbläser ertönen, wenn der Baumstamm an seinem Wendepunkt angelangt ist.

6	Die Menschen klammern sich an den hin- und her schwingenden Baumstamm.	-	Halbtotale: Der Baumstamm mit den Menschen. Harter Schnitt auf 7.	0:46:32	Konstante Untermalung durch Trommeln und Blechbläser. Die Blechbläser ertönen, wenn der Baumstamm an seinem Wendepunkt angelangt ist.
7	King Kong schüttelt den Baumstamm und hebt ihn an. Der erste Mensch fällt in die Schlucht.	-	Totale: Im Vordergrund der Dschungel, in der Mitte die Menschen auf dem Stamm, im Hintergrund King Kong. Harter Schnitt auf 8.	0:46:34	Konstante Untermalung durch Trommeln und Blechbläser.
8	Der Mensch von der Liane steht jetzt auf einem Felsvorsprung an der Wand der Schlucht und schaut dem hinabstürzenden Menschen nach.	-	Totale: Ein Felsvorsprung mit einer Höhle. Harter Schnitt auf 9.	0:46:38	Konstante Untermalung durch Trommeln und Blechbläser.

9	Der Mensch stürzt weiter hinab und schlägt schließlich auf dem Grund auf.	-	Totale: Die Schlucht, nahe über dem Grund. Harter Schnitt auf 10.	0:46:40	Konstante Untermalung durch Trommeln und Blechbläser. Ein leiser Tusch kristallisiert sich für kurze Zeit nach dem Aufprall heraus.
10	Nachdem der Aufprall verklungen ist, schaut der Mensch auf dem Felsvorsprung entsetzt.	-	Halbnahe: Der Mensch auf dem Felsvorsprung. Harter Schnitt auf 11.	0:46:42	Konstante Untermalung durch Trommeln und Blechbläser.
11	King Kong schüttelt den Baumstamm weiterhin. Die Menschen klammern sich weiter an den Baumstamm.	Geschrei.	Totale: Im Vordergrund der Dschungel, in der Mitte die Menschen auf dem Stamm, im Hintergrund King Kong. Harter Schnitt auf 12.	0:46:44	Konstante Untermalung durch Trommeln und Blechbläser.

12	Die Menschen auf dem Baumstamm schreien und können sich kaum noch halten.	-	Halbtotale: Der Baumstamm mit den Menschen. Harter Schnitt auf 13.	0:46:48	Konstante Untermalung durch Trommeln und Blechbläser.
13	Ein weiterer Mensch stürzt hinab und schlägt schließlich auf dem Grund auf.	-	Totale: die Schlucht, nahe über dem Grund. Harter Schnitt auf 14.	0:46:54	Konstante Untermalung durch Trommeln und Blechbläser.
14	King Kong schüttelt den Baumstamm weiterhin. Alle Menschen fallen herunter, bis auf einen, der von unten am Stamm hängt und einen, der weiterhin oben auf dem Stamm hockt.	Der GorialI brüllt.	Totale: Im Vordergrund der Dschungel, in der Mitte die Menschen auf dem Stamm, im Hintergrund King Kong. Harter Schnitt auf 15.	0:46:56	Die Musik ist verebbt. Jetzt sind nur noch bedrohliche Blechbläser und das Geschrei des Riesenaffen zu hören.

15	Der Gorilla schreit, schüttelt den Kopf und boxt mit den Armen vor sich her.	Der Gorilla brüllt.	Halbnahe: King Kong. Harter Schnitt auf 16.	0:47:08	Bedrohliche Blechbläser und das Geschrei des Gorillas.
16	King Kong hebt den Stamm unter größten Anstrengungen in die Höhe.	-	Totale: Im Vordergrund der Mitte des Dschungel, in der Mitte der Mann auf dem Stamm, im Hintergrund King Kong. Harter Schnitt auf 17.	0:47:11	Die Blechbläser steigen synchron zum Baumstamm konstant in der Tonhöhe an.
17	Ein weiterer Mensch stürzt hinab.	Ein Menschenschrei.	Totale: Die Schlucht, nahe über dem Grund. Harter Schnitt auf 18.	0:47:19	Ein tiefer dissonanter Akkord quittiert den Absturz. Instrument?
18	Der letzte Mensch hängt nun nur noch seitlich am Stamm.	Der Mensch: schreit.	Halbtotale: Der Mensch vor dem Stamm. Harter Schnitt auf 19.	0:47:22	Wieder die Blechbläser, nicht mehr aufsteigend. Dafür nun auch wieder Trommeln.

20	King Kong hebt den Stamm weiter an. Und lässt ihn dann in die Schlucht fallen.	-	Totale: Im Vordergrund der Dschungel, in der Mitte der Mann auf dem Stamm, im Hintergrund King Kong. Harter Schnitt auf 20.	0:47:26	Wenn der Baumstamm seinen Wendepunkt erreicht hat, dominieren für kurze Zeit höhere Töne, danach verebbt die Musik und während des Falls kehrt Stille ein.
21	Der Baumstamm fällt mitsamt dem Menschen in die Schlucht.	-	Halbnahe: Der Stamm fällt von oben ins Bild und unten direkt wieder heraus. Harter Schnitt auf 21.	0:47:28	-
22	Der Baumstamm verschwindet in der Schlucht.	-	Totale: Im Vordergrund der Dschungel, in der Mitte die Schlucht, im Hintergrund King Kong. Harter Schnitt auf 22.	0:47:29	-

23	Der Baumstamm fällt mitsamt dem Menschen in die Schlucht und kommt auf dem Grund an.	Geschrei	Das krachende Aufkommen des Baumstammes auf dem Grund.	Totale: Die Schlucht, nahe über dem Grund. Harter Schnitt auf 23.	0:47:30	Das Aufkommen des Baumstammes wird durch einem tiefen Tusch akustisch untermalt.